© Clavis Verlag, Frankfurt 2001
www.clavisverlag.de
Buchgestaltung: Gerhard Lienemeyer
Illustrationen: Winfried Goldhorn
Satz: DTP-Service Ute Simon
Druck: CPI books GmbH, Leck

ISBN 978-3-934839-01-4

Das Buch der 12 heiligen Nächte

Cordelia Böttcher

Das Buch der 12 heiligen Nächte

25. Dezember bis 6. Januar

Inhalt

7 Einstimmung
9 Feste feiern
12 Die sieben Tage der Woche
13 Tiefwinter
16 Das Licht
17 Weihnachten
20 Zwölf Nächte und Tage
22 Neujahr
24 Tag und Nacht
25 Schlafen und Wachen
27 Träumen
28 Das Traumlied vom Olav Åsteson
29 Tiefen und Höhen
31 Die Engelreiche
34 Die Silvesternacht
37 Beobachtungen und Anregungen
40 Das Tagebuch

41 Das Tagebuch der Weihnachtszeit

42 24. Dezember - Beginn der Weihe-Nacht
44 25. Dezember - Januar-Stimmung
48 26. Dezember - Februar-Stimmung
52 27. Dezember - März-Stimmung
56 28. Dezember - April-Stimmung
60 29. Dezember - Mai-Stimmung
64 30. Dezember - Juni-Stimmung
68 31. Dezember - Juli-Stimmung
72 1. Januar - August-Stimmung
76 2. Januar - September-Stimmung
80 3. Januar - Oktober-Stimmung
84 4. Januar - November-Stimmung
88 5. Januar - Dezember-Stimmung
92 6. Januar - Stimmung der
Zusammenfassung des Erlebten

94 Benützte und weiterführende Literatur

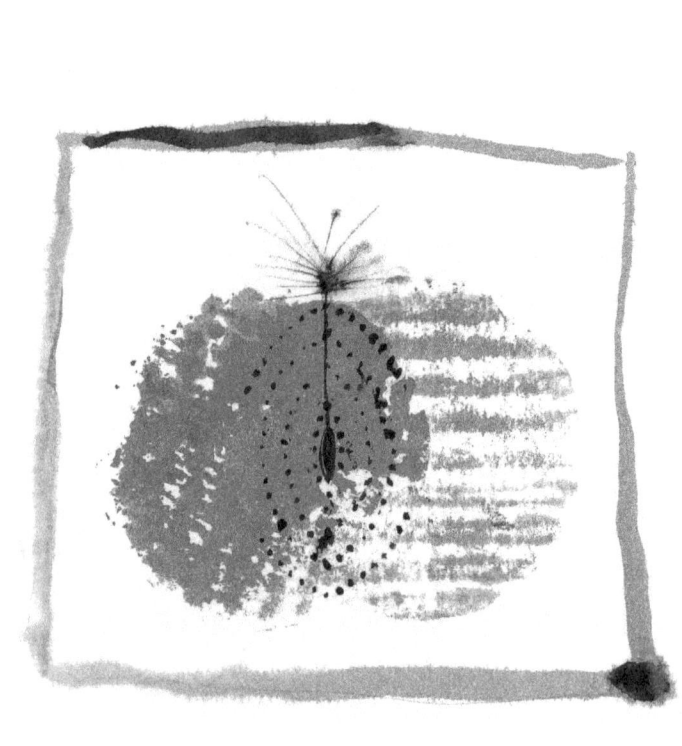

Einstimmung

»Weihnachten will einem so schwer in den Kopf.
Solche Tage sind Gewichte.
Man muß die Uhren damit aufziehn,
das Jahr ist lang.«,
schrieb Hermann Kükelhaus, ein junger Soldat,
zu Weihnachten 1941 an seinen Bruder.

Weihnachten – erhofft und geliebt, mißlungen, verloren, verspottet, und doch tief ersehnt.

Die Besonderheit eines Festes, eines Festtages ist auch heute im öffentlichen Leben zu spüren. Wer es einrichten kann, nimmt gerne zwischen Weihnachten und Neujahr frei, womöglich sogar bis Dreikönig, am 6. Januar. Die Feiertage sind willkommene Urlaubstage. Wie es um die innere Erfüllung des Festes bestellt ist, steht auf einem anderen Blatt. Die Sehnsucht danach läßt aber viele Menschen neu nach einer bewußten Festgestaltung suchen, nach der Wahrnehmung der verschiedenen Qualitäten der Zeit im Jahreslauf, in der Woche, im Tag.

Sehnsucht nach innerer Erfüllung

Früher haben Sitten und Gebräuche getragen, heute kommt es auf das Bewußtsein an, mit dem man Akzente setzen und den Formen seines Lebens geistigen Inhalt geben kann. Die Tiefe des Weihnachtsfestes nach den verschiedensten Seiten hin aufzuspüren und daraus Anregungen für eigenes Beobachten und Gestalten zu gewinnen, ist das Anliegen der folgenden Überlegungen.

Einstimmung

Die heilige Zeit: 25.12. - 6.1.

Die Weihnachtszeit der zwölf Nächte und Tage wird vom 25. Dezember bis zum 6. Januar gerechnet, wobei dieser Tag der Heiligen Drei Könige bereits der Beginn einer neuen Festzeit ist: Epiphanias, das Fest der Erscheinung Christi. Der 24. Dezember wird meistens schon als »Weihnachten« gefeiert, genau genommen ist er aber wirklich der »Heilige Abend«, der Abend der Erwartung und Vorbereitung, denn die Christgeburt geschieht »wohl zu der halben Nacht«, wie es in dem alten Weihnachtslied heißt, also mit dem Beginn des 25. Dezember. Diese Nächte und Tage genauer zu beobachten geht auf die Erfahrung zurück, die einerseits alt überliefert und andererseits auch heute vielfach erlebt ist, und die zeigt, daß in dieser Zeit die Keime für das kommende Jahr gelegt werden. Was sich in den zwölf Monaten des neuen Jahres entfalten wird, kann in den zwölf Nächten der Weihnachtszeit vorgefühlt werden. An der Bildung unseres Schicksals sind wir als Mensch beteiligt. Die Weltereignisse und der »Zeitgeist« geben den großen Rahmen für unser Leben, in der individuellen Ausgestaltung haben wir großen Spielraum. »Jeder ist seines Glückes Schmied«, sagt ein Sprichwort. Die Art, wie auf eine Herausforderung geantwortet werden kann, bestimmt die Ereignisse wesentlich, wendet eine Sache zum Guten oder macht alles noch komplizierter und schwieriger. Eine besondere Erfahrung ist es festzustellen, daß tiefer Friede die Seele erfüllt, wenn sie denken und auch fühlen kann: »Dieses Ereignis kommt zwar von außen, aber es gehört zu mir, es ist als habe ich das selbst gewollt.« Dieser unbewußte Anteil der Schicksalsgestaltung ist in der Welt

Vorfühlen und Keime legen

Einstimmung

der vorgeburtlichen Existenz der Seele zu suchen, wie auch in jeder Nacht im Schlaf. Wir sind in unserem Leben mit tausend Fäden mit anderen Schicksalen verbunden. Was sich in diesem Gewebe gestalten wird, ist durch sensible Aufmerksamkeit in der Weihnachtszeit zu ahnen.

Feste feiern

»Solche Tage sind Gewichte – man muß die Uhren damit aufziehn ...«

Festtage sind Höhepunkte des Lebens, einmalig in der Biographie oder wiederkehrend im Lauf eines Jahres. Für jedes Fest gehen die Gedanken schon lange Zeit vorher dorthin, es werden Pläne gemacht und vielerlei Vorbereitungen getroffen. Die Vorfreude macht manchmal kleinen Depressionen Platz, wenn nicht alles so gelingen will, wie es idealerweise sein soll, aber dann wächst die Erwartung und der Festtag ist da mit seinem besonderen Glanz. Je besser alles gelungen ist, je erfüllter die Gäste sich verabschieden, desto länger klingt das Erlebte nach und beflügelt jeden Teilnehmer für seine täglichen Aufgaben.

Höhepunkte des Lebens

Im christlichen Jahreslauf gibt es außer den Festtagen auch Festzeiten, wie z. B. die Adventszeit. Zu einer Erneuerung des religiösen Lebens trägt bei, wenn sich auch an die großen Festtage Festeszeiten anschließen oder vorausgehen, z. B. an das Weihnachtsfest die Zeit bis zum 6. Januar, an den Ostertag die Osterzeit bis

Feste feiern

Himmelfahrt am 40. Tag nach Ostern, an Johanni (24. Juni) vier volle Wochen.

Vorbereitung, Höhepunkte, Ausklingen

Festeszeiten tragen naturgemäß eine andere Gebärde in sich als die Vorbereitung, Erfüllung und Nachbereitung eines einzelnen Tages. Wenn eine Festzeit vier Wochen dauert, auf ein Fest zuführt wie Advent oder Passion, oder von einem Fest ausgeht wie z.B. Epiphanias, Johanni, Michaeli, so zeigen sich die vier Wochen jeweils mit besonderem Charakter. In der ersten Woche ist die Idee, der Inhalt des Festes ganz präsent, auch im großen Vorblick, wie bei Passion; in der zweiten Woche schiebt sich das tägliche Leben mit seinen Anforderungen wieder darüber, Gewöhnung kommt auf; in der dritten Woche wird das bewußt und es muß die Festidee neu gegriffen werden, damit das Fest gelingt bzw. das Ereignis, aus dem die Festzeit kommt, weiteren Segen vermitteln kann. Ist das gelungen, kann in der vierten Woche die aus dem Fest geschöpfte spezielle Kraft Leben werden.

Der Weihnachtsfestbogen lebt nicht in gleich abgemessenen Zeiträumen. Die Adventszeit ist sehr selten volle vier Wochen lang, da Weihnachten mit dem 25. Dezember festgelegt ist und dieser Tag in der Woche wandert. Allerdings ist die Weihnachtszeit immer zwölf Tage lang. Die anschließende Epiphaniaszeit wiederum ist meistens etwas länger als vier Wochen, wenn man sie vom 6. Januar bis zum darauf folgenden Sonntag und dann vier Sonntage mit den dazugehörigen Wochen rechnet.

Feste feiern

In vielen Ländern hat man sich seit einigen Jahrzehnten daran gewöhnt, den Sonntag als das Ende einer Woche anzusehen. Gerade die Adventszeit aber läßt etwas anderes erleben: Mit dem Sonntag beginnt die Woche. Am ersten Adventssonntag wird die erste Kerze entzündet, die die Tage der Woche noch etwas spärlich erhellt, am zweiten Sonntag kommt durch die zweite Kerze wesentlich mehr Helligkeit dazu, und so fort.

Wochenbeginn ist Sonntag

Der siebte Tag als Ende der Woche und als Ruhetag – er entspricht unserem Samstag – wird im Alten Testament im Zusammenhang mit der Erschaffung der Welt beschrieben: »Also vollendete Gott am siebten Tage seine Werke, die er machte, und ruhte am siebten Tage ...« Das bildet den Abschluß der Schöpfungsgeschichte, die das Werden der Welt im Bild einzelner »Tage«, d. h. eigentlich genauer einzelner »Nächte« schildert. Dieser Tag der Rückschau und Betrachtung wird zum »heiligen« Tag gemacht (1. Mose 2, 2-3) und ist es in der jüdischen Religion bis heute: der Sabbat.

Im Osterevangelium wird die Auferstehung auch in diesem zeitlichen Zusammenhang geschildert: »Und als der Sabbat vorüber war und der erste Tag der Woche anbrach, kam Maria aus Magdala und die andere Maria, um das Grab zu sehen« (Matthäus 28, 1). Das christliche Leben hat seine Quelle in der Auferstehung Christi am Ostermorgen, so wurde der erste Tag der Woche zum Tag des Herrn, der Tag der Sonne, der Sonntag, im alten Sprachgebrauch.

Der siebte Tag der Woche ist nach einer erfüllten oder auch anstrengenden Arbeitszeit ein willkommener Tag des Ausruhens, des Verlangsamens und Innehaltens, der Rückschau und Besinnung. Am ersten Tag, dem Sonntag, vermag die Menschenseele im Aufschwung zu den geistigen Quellen frische Kraft für die kommenden Aufgaben zu schöpfen.

Wie die Weihnachtszeit in die Folge der Wochentage in jedem Jahr eingefügt ist, gibt dieser Zeit immer neue Qualitäten.

Die sieben Tage der Woche

Die Sieben-Tage-Woche ist im alten Chaldäa entstanden und seither entfaltet sich das Leben der Menschen auf der Grundlage dieses Rhythmus. Auch die Schöpfungsgeschichte der Bibel ist in diese Ordnung hineinkomponiert. Von altersher haben die Wochentage Namen und in vielen Sprachen ist noch der Zusammenhang mit den klassischen Planeten zu hören.

Wochentage tragen Planetennamen

Sonntag	– Tag der Sonne,
Montag	– Tag des Mondes,
Dienstag	– Tag des Ziu, des Mars (mardi, französisch),
Mittwoch	– Tag des Merkur (mercredi, französisch),
Donnerstag	– Tag des Donar, des Zeus, des Jupiter (jeudi, französisch),
Freitag	– Tag der Freia, der Venus,
Samstag	– Tag des Saturn (saturday, englisch).

Die sieben Tage der Woche

Die verschiedenen Kräftequalitäten der Planeten lassen sich in den Stimmungen der Wochentage wiederfinden, wenn es gelingt, durch längere Zeit genauer zu beobachten, wie das tägliche Leben diese Kräfte aufnimmt bzw. spiegelt: *(Kräftequalitäten der Planeten:)*

Die von der Sonne als dem großen »Weltenherz« ausgehende Kraft des Vertrauens, der Tragekraft, der Erfahrung, der Erkenntnis und des geistigen Neubeginns, *(Sonne)*

die Wachstumskraft, die der Mond vermittelt, *(Mond)*

die Möglichkeit zur Auseinandersetzung oder auch kraftvollen Durchsetzung eines Zieles durch Mars, *(Mars)*

die Möglichkeit zu vielerlei Vermittlung durch Merkur, *(Merkur)*

Weisheit und Besonnenheit des Jupiter, *(Jupiter)*

Liebeskraft der Venus und *(Venus)*

beschauliche, ordnende Ruhe des Saturn. *(Saturn)*

Diese Kräfte zu berücksichtigen kann in vielen sozialen Verhältnissen Erleichterung bringen. So ist es auch eine Möglichkeit, die Weihnachtstage unter diesem Gesichtspunkt zu beobachten.

Tiefwinter

Der Reigen der Jahreszeiten mit dem wechselnden Licht, den unterschiedlichen Wärmeverhältnissen, allem Wachsen, Blühen, Fruchten, Absterben und wieder Aufkeimen, was die Menschenseele wohltätig in diesen Wandel einbezieht, wird durch das Verhältnis von Erde und Sonne, und im weiteren aller Gestirne bewirkt. Im Tiefwinter sieht man in Mitteleuropa die

Tiefwinter

Der winterliche Sternenhimmel

Sonne immer kleinere Bögen über den südlichen Horizont ziehen, in den Tagen um die Sonnenwende am 21. Dezember scheint diese Bewegung wie zum Stillstand zu kommen und Kraft zu sammeln. Schon am Nachmittag sinkt die Dämmerung herein, morgens wird es spät hell. In klaren Nächten aber funkelt ein herrlicher Sternenhimmel mit Orion im Süden und dem begleitenden Sirius im großen Hund, sowie Stier, Zwillinge, Krebs und Löwe als Vertreter des Tierkreises, hoch hinaufgespannt im großen Bogen. Ende November gibt es meistens einige sehr kalte Tage zum Beginn des Winters. Im Dezember bekommt das Licht wieder Leben, einen zarten goldenen Glanz, am Morgen- und Abendhimmel entstehen fein nuancierte Farben, die Tage werden oft wieder mild.

Das Leben der Pflanzenwelt zieht sich im Herbst immer mehr zurück, alle einjährigen Pflanzen verwelken, Büsche und Bäume werfen ihr Laub ab, viele Tiere begeben sich in den Winterschlaf oder schränken ihren Lebenskreis ein. Die Samen fallen im Herbst in die Erde oder werden gesät und ruhen nun dort. Feuchtigkeit und Frost bewirken verschiedene feine Prozesse, die sie keimen lassen.

Nach der Sonnenwende, zum Anfang der Weihnachtszeit, beginnt sich das Leben schon wieder zu regen, zunächst ganz im Verborgenen, unter der Schneedecke, unter dem Eis.

Barbara-Tag

Als besonderen Tag, der dies prophetisch ankündigt, kennt man den 4. Dezember, den Barbara-Tag. Kirschzweige, an diesem Tag geschnitten und in der warmen Stube gehalten, blühen zu Weihnachten. Aber es

Tiefwinter

gelingt nur beim Schnitt an diesem einen Tag, nicht vorher und nicht nachher.

Die Weihnachtszeit birgt Geheimnisse des Lebens, die auch durch naturwissenschaftliche Betrachtung gefunden werden können. »Schon am Anfang des 20. Jahrhunderts entdeckte der deutsche Pflanzenphysiologe Pfeffer in Zusammenarbeit mit dem Russen Askenas, daß mit dem Beginn der heiligen zwölf Nächte die relative Ruhe in der Pflanzenwelt ein Ende findet. An Tausenden von Beispielen konnten sie zeigen, daß die Ruhe des Novembers und Dezembers zu Anfang der heiligen Nächte abgelöst wird von einer neuen inneren Tätigkeit im Säftestrom der Pflanzen. Hauptsächlich an Bäumen konnte beobachtet werden, daß das Steigen der Säfte wieder beginnt. ... auch, daß oft genau in der Silvesternacht unter dem Eise der Bäche und Teiche die Schwärmsporen der Algen sich zu regen beginnen« (Cloos, Das Jahr der Erde, S. 94).

Naturphänomene

Ein besonderes »Weihnachtsgeheimnis« ist bei den Rehen zu beobachten. Die Brunftzeit der Rehe ist im August. »Das befruchtete Ei geht durch den Eileiter, wo es sich furcht, und bleibt dann etwa vier Monate bis nach Mitte Dezember in unentwickeltem Zustande in der Gebärmutter liegen. Erst dann, also etwa zu Beginn der heiligen zwölf Nächte, fängt der bis dahin ruhende Keim an, sich in schneller Entwicklung auszubilden. Die Geburt fällt in den Mai-Juni« (Cloos a.a.O., S. 93).

Das Licht

Dynamik des Lichts

Die Sonnenwende am 21. Dezember ist für die unmittelbare Beobachtung schwer zugänglich. In der Dunkelheit der Tage entlastet es mehr die seelische Empfindung, wenn wir wissen, daß von jetzt an die Tage wieder länger werden. Bei genauen astronomischen Berechnungen aber kommt ein eigenartiges Phänomen buchstäblich an's Licht: Um die Sonnenwende herum haben Sonnenauf- und untergang eine ganz verschiedene Dynamik.

Der Sonnenaufgang verzögert sich bis zum 3. Januar immer weiter. Findet er am 21. Dezember um 8:24 Uhr statt, so am 3. Januar um 8:27 Uhr, erst am 4. Januar ist er um 8:26 Uhr festzustellen.

Beim Sonnenuntergang ist es ein gegenläufiger Prozess: Am 20. Dezember ist er noch um 16:15 Uhr berechnet, aber bereits am 21. Dezember schon um 16:16 Uhr. Fast die gesamte Zeit der zwölf heiligen Nächte und Tage – vom 20. Dezember bis zum 3. Januar – lebt in dieser Dynamik. Am Morgen zieht sich die Nacht noch ein wenig weiter in den Tag hinein, während andererseits der Tag am Abend die Nacht langsam zurückzudrängen beginnt.

Weihnachten

Für die nördliche Hemisphäre ist Weihnachten in der Tiefwinterzeit, und für das traditionelle Weihnachtsgefühl gehören Dunkelheit, Kälte und Schnee dazu, würziges Gebäck, duftendes Tannengrün und Kerzenlicht. Diese Sinneseindrücke unterstützen die besinnliche erwartungsvolle Stimmung. Im Widerspruch dazu gibt es in der Advents- und Weihnachtszeit oft viel Unruhe, brechen Konflikte auf, entstehen Krisen. Spätestens an Weihnachten bemerkt man, was man in einem Jahr geschafft hat.   **Stimmungen**

Weihnachten bedeutet Geburt, Christgeburt –
Gott wird Mensch.

Lobt Gott ihr Christen alle gleich
in seinem höchsten Thron.
Der heut schleußt auf sein Himmelreich
und schenkt uns seinen Sohn.

Er kommt aus seines Vaters Schoß
und wird ein Kindlein klein.
Er liegt dort elend, nackt und bloß
in einem Krippelein.

Er äußert sich all seiner G'walt,
wird niedrig und gering
und nimmt an sich ein's Knechts Gestalt,
der Schöpfer aller Ding.

Weihnachten

Gott wird Mensch

Zwei Motive haben sich im Empfinden der Menschen verbunden und in den alten wunderschönen Weihnachtsliedern verdichtet: In den Höhen der geistigen Welt beschloß der Vatergott, seinen Sohn, das schaffende Weltenwort, auf die Erde zu den Menschen zu senden, um die Erlösungstat auf Golgatha zu vollbringen. Von der Erde her kam ihm ein Mensch entgegen, der so vorbereitet war, daß er Gott in sich aufnehmen konnte, und schon die Geburt dieses Menschen wurde als ein Wunder erlebt.

Weihnachtsgeheimnis: Ein Fest, zwei Motive

Diese beiden Motive, die Geburt des Menschenkindes und die Geburt Gottes im Menschen bei der Taufe im Jordan, schließen das ganze Weihnachtsgeheimnis in sich.

In den ersten drei Jahrhunderten der Christenheit wurde »Weihnachten« im Sinne des zweiten Motivs am 6. Januar gefeiert (in der Ostkirche ist das immer noch so). Man erinnerte, machte innerlich lebendig die Taufe Jesu im Jordan. Was da geschah, offenbarte den göttlichen Willen.

»Es begab sich aber, als alles Volk sich taufen ließ und auch Jesus getauft worden war und betete, da tat sich der Himmel auf und der heilige Geist schwebte in leiblicher Gestalt wie eine Taube auf ihn herab, und aus dem Himmel erscholl eine Stimme: ‚Du bist mein geliebter Sohn, heute habe ich dich gezeugt'. (oder: an dir habe ich Wohlgefallen)« (Lukas 3, 21-22).

Durch dieses Bild wird der innere Blick zum Himmel gelenkt, aus dem Gottes Sohn »herabsteigt«. Alle vor-

Weihnachten

christlichen Religionen verehrten in den Göttern Wesen, die sie in den Gestirnen und vor allem der Sonne erlebten. Vom großen Sonnengeist gab es überall die Verheißungen, er werde einstmals zur Erde kommen. Auch als Erfüllung dieser Prophetien wurde das Ereignis der Taufe Jesu im Jordan gesehen. Gott wurde Mensch.

Erst allmählich wurde die menschliche Seite dieses großen Geheimnisses deutlicher erlebt. Ist die Ankunft eines jeden Menschenkindes von überirdischem Glanz umstrahlt, um wieviel größer ist dieses Wunder bei der Geburt des Kindleins im Stall zu Bethlehem. Das Lukas-Evangelium erzählt davon mit Wärme und Innigkeit, bei aller Nüchternheit.

Im 4. Jahrhundert begann man, das Fest der Geburt des Kindes als Weihnachtsfest am 25. Dezember zu feiern. Eine Rolle mag dabei auch gespielt haben, daß einerseits in Rom vom 17. bis 24. Dezember im Zusammenhang mit der Wintersonnenwende die fröhlichen Saturnalien gefeiert wurden und zum anderen in der sich rasch ausbreitenden Mithras-Religion das Fest des »Deus invictus Sol Mithras« am 25. Dezember immer wichtiger wurde. Mithras war eine Gottheit, die man schon in uralten Zeiten als mit der Sonne verbunden verehrte und dazu als einen Gott, der kommen wird. In einer Legende wird erzählt, daß er als Mittler zwischen Himmel und Erde das Licht herabtragen, in einer Felsenhöhle geboren und von Hirten angebetet werden wird (Schütze, Mithras, S. 143).

Lichtträger: Mithras Christus

Weihnachten

Sehr schnell lebte sich die Feier des christlichen Weihnachtsfestes, wie es der Evangelist Lukas beschreibt, am 25. Dezember ein. Am 6. Januar gedachte man dann der Anbetung des Kindes durch die drei Weisen, die Magier aus dem Morgenland, wie es im 2. Kapitel des Matthäus-Evangeliums geschildert ist. Diese zwei so verschiedenen Bilder verbanden sich allmählich zu einem. Für das heutige Lebensgefühl ist es ganz natürlich, Hirten und Könige gleichzeitig an der Krippe zu sehen. Viele Darstellungen alter Kunst, von den Reliefs auf urchristlichen Sarkophagen, den Mosaiken in Ravenna, romanischen Buchmalereien oder Kapitälen in alten Kirchen bis zur Renaissance-Malerei zeigen, daß man lange die beiden Geburtsgeschichten genau unterschied. Für ein neues Verständnis des Weihnachtsfestes wird es hilfreich sein, einerseits diese Differenzierung wieder vorzunehmen und die gewaltige Verschiedenheit der beiden Ereignisse zu fühlen, und andererseits Jesus-Geburt und Christ-Geburt wieder zusammenzuschauen.

Zwölf Nächte und Tage

Sonnenjahr, Mondenjahr: ausgesparte Zeit

Zwischen dem 25. Dezember und dem 6. Januar liegen zwölf Tage und dreizehn Nächte: die Weihnachtszeit. Wobei die dreizehnte Nacht aus dieser Zeit wieder herausführt. Dieser Zeitraum kann auf einem astronomischen Hintergrund gesehen werden, der sich vereinfacht so beschreiben läßt: Der Sonnenlauf des Jahres umfaßt in den zwölf Monaten 365 Tage, die zwölf Monden-Monate aber beinhalten nur 354 Tage. »Die Differenz beträgt elf, in Schaltjahren zwölf Tage. Wenn am 6. Januar Neumond ist, dann ist am 25. Dezember ein Mondjahr mit zwölf Lunationen vollendet. Es fehlen dann noch die zwölf Tage bis zum vollen Sonnenjahr. Sie wurden bei den nordischen Völkern anschließend an den 25. Dezember eingeschaltet, um das Mondjahr mit dem Sonnenjahr in Übereinstimmung zu bringen« (Hoerner, Zeit und Rhythmus).

Diese Tage waren den Göttern geweiht, der Mensch wußte sich mit den höheren Welten verbunden. Dazu gehörte die ahnungsvolle Wahrnehmung, daß in diesen zwölf Nächten die zwölf kommenden Monate in ihrem Charakter konzipiert werden. In den Aufwachträumen konnte Prophetisches aufgefangen werden. **Ein Jahr in zwölf Nächten**

Auf ganz neue Weise ist der Zusammenhang dieser Nächte und der dazugehörigen Tage mit den Monaten des Jahres durch Steigbild-Versuche von Lilly Kolisko sichtbar gemacht worden: Durch diese Versuche kann z. B. die Verwandtschaft der kosmischen Planetenkräfte mit irdischen Metallen nachgewiesen werden. Silber reagiert auf den Mond, Blei auf Saturn, Eisen auf Mars und Gold auf die Sonne. »Das Gold wurde nun in einer ganz hohen Potenz aufgelöst. In das Gefäß, in dem sich diese Flüssigkeit befand, wurde ein Streifen Fließpapier gesteckt, und die Flüssigkeit begann nun im Papier zu steigen. Nach dem Trocknen bildeten sich, je nach der Art und Zeit des Experiments, verschiedene Formen und Farben auf dem Papier ab. Man versuchte festzustellen, ob der jeweilige Stand der Sonne Einfluß auf das Metall **Planetenwirkung am Beispiel Gold**

Gold habe, und die Proben ergaben, daß der Sonneneinfluß – auch wenn die Sonne durch Wolken verdeckt war, und auch, wenn es Nacht war, und auch, wenn die Versuche im dunklen Keller durchgeführt wurden – auf das Gold unverkennbar war. So konnte man in Stuttgart, rein an den Goldreaktionen, eine über diesem Gebiet gar nicht sichtbare Sonnenfinsternis feststellen. Auch die einzelnen Monate spiegelten sich in ihrer Wesenhaftigkeit in den Versuchen. Besonders interessant waren die Versuche mit Gold in der Weihnachtszeit, zur Zeit der heiligen zwölf Nächte.

Am 23. Dezember erhielt man noch ein ziemlich gewöhnliches Gold-Bild. Aber in der Nacht vom 24. bis zum 25. Dezember begann sich das Bild strahlend zu entfalten. Während der anschließenden zwölf heiligen Nächte sind die Gold-Bilder so unterschiedlich, wie sonst nur von Monat zu Monat im Jahr. Auch bei niederdrückendem Nebel oder an regenreichen Tagen kommen in dieser heiligen Jahreszeit die Sonnenbilder in großer Reinheit und Schönheit heraus« (Hahn, Von den Quellkräften der Seele, S. 71).

Neujahr

Mitte der Weihnachtszeit

In der Mitte der Weihnachtszeit liegt unser Neujahrsfest. Es bezeichnet den Beginn einer neuen Jahreszählung und gliedert zugleich die Weihnachtszeit in zwei Teile. Das alte Jahr schwingt aus und ein neues beginnt, überglänzt vom Hauch des noch Unberührten.

Neujahr

In früheren Kulturen feierte man den Beginn des neuen Jahres zu verschiedenen Zeiten, vornehmlich an den vier Hauptpunkten des Sonnenlaufes, der Winter- oder Sommersonnenwende, der Tag- und Nachtgleiche im Frühling oder im Herbst, je nachdem, womit man in diesem Volk besonders verbunden war. Dadurch hatte dieses Fest jedes Mal einen besonderen Charakter, der aus dem Verhältnis von Erde und Sonne kam. Im Winter gewinnt das neue Jahr Kraft aus der aufsteigenden Sonne und im Frühling aus dem überall neu erwachenden Leben der Natur, im Hochsommer dagegen beginnt mit der langsam wieder absteigenden Sonne ein Prozeß der Verinnerlichung und im Herbst die Auseinandersetzung mit den absterbenden Kräften, aber auch der Vergeistigung, die damit zusammenhängt.

Gesetzmäßigkeiten im Jahreslauf

Im Islam ist die Orientierung am Mond maßgebend für das durch das Jahr wandernde Neujahrsfest.

In Deutschland beginnt das neue Jahr etwa seit Beginn des 16. Jahrhunderts mit dem 1. Januar, in Frankreich seit 1563 und in England erst seit 1752, vorher begann dort am 25. März die Zählung des neuen Jahres.

Der Jahresanfang am 1. Januar geht auf Julius Cäsar zurück. Er führte ein, daß die Senatoren, die die Geschicke des großen römischen Reiches zu bestimmen hatten, an diesem Tag ihr Amt antraten. Die Jahreszählung vom 25. März abzurücken und mit diesem Verwaltungsvorgang zu verbinden, brachte zum Aus-

Neujahr

druck, welches Gewicht der Ordnung der irdischen Verhältnisse beigemessen wurde.

Chancen im Neuen

In der Weihnachtszeit durchdringen sich verschiedene Bewegungen. Die eine besteht darin, daß das Leben eines ganzen Jahres zur Ruhe kommt. Vor dem Jahreswechsel möchte man vieles abschließen, damit das neue Jahr unbelastet beginnen kann, echte Chancen für neue Ansätze bestehen. Eine andere Bewegung findet durch wachsende innere Aktivität zu einer Art Höhepunkt in der Silvesternacht und klingt dann ab, bis mit dem Ende der Weihnachtszeit der Alltag wieder Einzug hält. Weiter ist zu verfolgen, wie sich die Erfahrungen dieser Zeit im eigenen Leben umsetzen lassen. Darüber hinaus gibt es sicher manche anderen individuellen Beobachtungen.

Tag und Nacht

Nacht und Tag in ihrer polaren Qualität wieder bewußt in die Lebens-Führung einzubeziehen, könnte unserem Leben neue Schwerpunkte geben.

Schöpfungsgeschichte

Aus der Schöpfungsgeschichte am Anfang der Bibel klingt es vielen Menschen noch im Ohr: »Da schied Gott das Licht von der Finsternis und nannte das Licht Tag und die Finsternis Nacht. Da ward aus Abend und Morgen der erste Tag« (1. Mose 1, 4-5), und so fort durch alle Schöpfungstage. Das Geschaffene war im Inneren Gottes konzipiert, im Geist gestaltet und dann erst durch den Schöpfungsprozeß durch das

Tag und Nacht

»Wort«, das »Es werde« in die Sichtbarkeit des »Tages« gebracht.

Geistbereich der Nacht

Alles, was in der gegenständlichen Welt geschaffen werden soll, entsteht in den Gedanken, in den Vorstellungen dessen, der es tun will. Manchmal ist auch eine Empfindung oder ein spontaner Impuls der Anfang, es wird aber immer ein geistiges Bild, ein Konzept vonnöten sein für die tatsächliche Ausführung.

Alles Gewordene, das im Licht des Tages anzuschauen ist, entstammt geistigen Bereichen, der »heiligen, unaussprechlichen geheimnisvollen Nacht« (Novalis) und eine alte Weisheit sagt, daß man große Lebensfragen mit durch die Nacht nehmen soll, »darüber schlafen«, möglichst dreimal, und beim Aufwachen darauf achten, ob man eine Antwort von dort »mitbringt«.

Lebensfragen durch die Nacht nehmen

Die Nacht – Quelle alles Werdens; der Tag – das Reich unseres tätigen wachen Lebens, in dem wir Schicksal entfalten und gestalten.

Schlafen und Wachen

Schlaf ist nicht gleich Schlaf, jeder weiß, wie unterschiedlich die Erholung durch den Schlaf sein kann. Die Schlafforschung hat versucht herauszufinden, woran das liegt und hat die verschiedenen Phasen entdeckt, die den Schlaf gliedern.

Schlafen und Wachen

Den Schlaf vorbereiten

Die Geisteswissenschaft kann diese Feststellung ergänzen durch die Schilderung dessen, was Seele und Geist während des Schlafes im Geistbereich erleben. Daß sinnvolle und befriedigende körperliche Arbeit zu gutem und tiefem Schlaf verhilft, ist vielfache Erfahrung. Ebenso spielt eine Rolle, welche Gedanken man am Tag dachte, welche Worte man sprach, ob geistige Inhalte präsent, die Worte beseelt waren, ob religiöse Empfindung entwickelt werden konnte, Gebet möglich war. Auch ob am Abend eine Besinnung auf den Tag stattfinden konnte, am besten in rückläufiger Bewegung, spielt für einen guten Schlaf eine wichtige Rolle.

Was geschieht im Schlaf

Im Einschlafen zieht sich die Seele aus dem Leib zurück, die Sinne vermitteln nichts mehr von der äußeren Umgebung und das Erleben bewegt sich in der geistig-seelischen Innenwelt. Hier begegnet die Seele den geistig-göttlichen Wesen, hier knüpft sie an den Lebensentwurf, den sie vor der Geburt mit ihrem führenden Genius entworfen hat, wieder an und orientiert das Leben daran. Vielleicht ist es dieses Geheimnis des Schlafes, das die Menschheit vor noch tieferer Verzweiflung bewahrt. Jedes Erwachen gleicht ein ganz klein wenig einer Neugeburt. »Des Lebens Pulse schlagen frisch lebendig« (Faust), um mutig das Leben zu gestalten, in Freiheit das Bewußtsein seiner selbst zu finden. Im Wachen werden Entscheidungen getroffen, mit allen Sinnen wird Welt wahrgenommen, Gutes vom Bösen unterschieden.

Die Zeit der heiligen zwölf Nächte und Tage kann auch für die Qualitäten Schlafen und Wachen sensibilisieren.

Träumen

Zwischen Schlafen und Wachen schweben die Träume. In den Übergängen entstehen Bilder, wie die Farben des Regenbogens, die das Sonnenlicht auf den Schleier der Tropfen malt. Einschlafen und Aufwachen kleiden sich als Vorgänge in Bildfolgen, in denen das Sich-Entfernen der Seele aus dem Leib oder umgekehrt das Eintauchen in ihn, unschwer zu erkennen ist. In manchen Träumen wird der Träumer in Bildern über seine leiblichen Zustände aufgeklärt und oft lassen sich Erinnerungsfetzen vom Tagesgeschehen ausmachen. Von Zeit zu Zeit gibt es auch heute noch »prophetische Träume«, geträumte Geschichten, deren Gewicht beim Aufwachen sofort deutlich ist.

Leibgebundene, erinnernde und »prophetische« Träume

In den zwölf heiligen Nächten bekommen die Träume eine besondere Qualität. Früher waren sie für viele Menschen wie Orakel für das kommende Jahr und auch heute noch berichten Menschen, die sich sonst an fast keine Träume erinnern können, von erstaunlichen Erfahrungen dieser Art. Wer seine Träume in diesen heiligen Nächten notiert, ist oft überrascht, wenn er im nachhinein feststellt, daß besondere Erlebnisse im darauf folgenden Jahr mit den Träumen in der entsprechenden Nacht der Weihnachtszeit korrespondieren. Die erste Nacht vom 24. auf den 25. Dezember ist in Anbetracht dieser Erfahrungen auf den Monat Januar zu beziehen, die zweite auf Februar, die dritte auf März und so fort. Der hier folgende Kalender (ab S. 41) beobachtet diese Folge.

Träume vergleichen

Das Traumlied vom Olav Åsteson

In der Mitte des 19. Jahrhunderts wurden in Norwegen die alten Volkslieder und Mythen aufgezeichnet, wie es einige Jahrzehnte vorher auch in Deutschland z. B. durch die Gebrüder Grimm für die Volksmärchen geschehen war und durch die Romantiker, wie z. B. Clemens von Brentano, für viele Volkslieder und Balladen. Auch das finnische Nationalepos »Kalevala« ist spät aufgeschrieben worden. Bis dahin wurden die Mythen, Epen, Lieder mündlich weitergegeben, an langen Winterabenden erzählt, in Spinnstuben gesungen.

Ein Weg in die geistige Welt: Abgrund, Prüfungen, Brücke, Begegnung

Für »Das Traumlied vom Olav Åsteson« war es fast zu spät. Deutlich ist dem Lied anzumerken, daß es ursprünglich viel länger und ausführlicher war. Es erzählt in großen Bildern die Träume, die Olav Åsteson in der heiligen Weihnachtszeit während der zwölf Nächte hatte. Es ist überraschend, in strengen, herben Bildern zu hören, was die Menschenseele erlebt, wenn sie Wege in das Übersinnliche beschreitet. Alles, was in der ersten Zeit nach dem Tod erlebt wird und was sich in die Bilder von Läuterung und Gericht kleidet, begegnet Olav Åsteson. Auf Wolkenhöhen, im Meeresgrund findet er sich, im Himmelreich und in heißer Hölle, und die Untaten der Menschen im Erdenleben sieht er durch strenge Strafen beantwortet. Bevor er die »Gjallarbrück« überschreitet, begegnen ihm Stier, Schlange und Hund, die niemanden weitergehen lassen, der »falsche Urteile fällt«. Die Taufmutter kann ihm helfen. Später sieht er aus Norden

»Grutte Graubart« mit seinen Scharen kommen und aus dem Süden Sankt Michael mit der Waage.

Groß stand da Sankt Michael
und wog auf seiner Waage,
wog die Seelen Christus zu,
daß Er die Sünden trage.
In Broksvalin – dort,
dem Richthof der Seelen.

Den Schluß des aufgeschriebenen Liedes bilden sechs Seligpreisungen, die an die Bergpredigt erinnern.

Olav Åsteson ist am Weihnachtsabend eingeschlafen und »wachte erst auf am dreizehnten Tag, als das Volk schon zur Kirche ging.« Angetan mit einem glänzenden Gürtel, der so hell leuchtet, daß der Priester am Altar vor Staunen nicht mehr weitersprechen kann, sitzt er am Kirchentor und erzählt dem aufmerksam lauschenden Volk von dem, was er geträumt hat.

Tiefen und Höhen

Daß dieser große Traum in der Weihnachtszeit geträumt wird, daß in der Zeit, in der die Menschenseele sich andächtig dem Kinde neigt und von der Krippe her Paradiesesglanz erfährt, die Abgründe des Daseins sich dahinter auftun, kann befremdlich, ja schockierend erlebt werden. Und doch, das schon erinnerte Weihnachtslied »Lobt Gott, ihr Christen, alle gleich ...« schließt mit der 8. Strophe:

Offener Himmel: Paradiesesglanz

Tiefen und Höhen

Heut schleußt er wieder auf die Tür
zum schönen Paradeis;
der Cherub steht nicht mehr dafür,
Gott sei Lob, Ehr und Preis!

Weil die Menschheit aus der paradiesischen Anfangszeit durch das Ereignis des »Sünden-Falles« und seinen Folgen Alter, Krankheit, Leiden und Tod in die Freiheit entlassen wurde und damit auch in die Auseinandersetzung mit den Mächten des Bösen, ist der Sohn Gottes Mensch geworden, ist es Weihnachten geworden in den beiden Gestalten: der Geburt des Kindes und der Taufe im Jordan.

Offene Hölle: Rauhnächte

In das Erleben alles Hellen und Warmen der Weihnachtszeit mischt sich oft unergründlich Dunkles und Bedrohliches. In früheren Zeiten sagte man dann: »Wotans wilde Jagd, das Totenheer« rast durch die Lüfte und Frau Perchta kommt hinterdrein und fällt mit Dämonen in unordentlichen, ungeputzten Häusern ein. Mancher alte Brauch geht auf diese Ahnungen und Erlebnisse zurück. Heute macht sich die besondere Offenheit dieser Tage im Unguten wohl mehr in Nervosität, Unduldsamkeit, Unzufriedenheit der Menschen bemerkbar, wenn sie die Weihnachtszeit nicht seelisch-geistig erfüllen können.

Gnade und Gefahr

Aus alter Weisheit wurde dem Fest der Christgeburt deshalb der »Adam-und-Eva-Tag« am 24. Dezember vorangestellt. Durch die »Vertreibung aus dem Paradies« öffneten sich die »Tiefen«, das Böse und auch der Böse zeigte sich, und durch die Ankunft des Gottessohnes, des »Heilandes« wurde der Weg in die göttliche Welt wieder sichtbar, der Himmel öffnete sich über den Hirten auf dem Felde und über Jesus von Nazareth am Jordan.

Die Engelreiche

»Und siehe, der Engel des Herrn trat zu ihnen« (Lukas 2, 9), er verkündete den Hirten die Geburt des Kindes. »Und auf einmal war bei dem Engel die Menge des himmlischen Heeres, die lobten Gott und sprachen: Geoffenbaret sei Gott in den Höhen und Friede auf Erden den Menschen, die eines guten Willens sind« (Lukas 2, 13-14).

In den geistigen Welten leben und wirken Wesenheiten mit den verschiedensten Aufgaben und Vollmachten. Das Wissen davon ist erst mit dem Aufgehen des Materialismus der Anschauung der Menschen und ihrem Denken verloren gegangen. Früher war die Kenntnis der Hierarchien, der neun Engelreiche, Selbstverständlichkeit. Ein Bild wie das des träumenden Jakob, über dem die Engel auf der »Himmelsleiter« auf- und absteigen (1. Mose 28, 10-16) war nicht nur als Bild geliebt und verehrt, es gab die Empfindung der Größe und Vielfalt der geistigen Welt wieder. Die verschiedensten Engelbegegnungen werden im Alten wie im Neuen Testament geschildert und auch die Namen der Hierarchien werden genannt, wenn auch nicht systematisch geordnet. Diese Ordnung findet sich erst bei Dionysius Areopagita in den

Größe und Vielfalt der geistigen Welt

Die Engelreiche

Schriften des 6. Jahrhunderts. In der mittelalterlichen Legendensammlung des Jacobus de Voragine, der »Legenda aurea«, werden sie in den Legenden um Sankt Michael beschrieben. Dabei wird auf Dionysius Bezug genommen. Es heißt dort: »Jegliche dieser Hierarchien aber hat drei Ordnungen:
In der Obersten sind die Seraphim, Cherubim, Throni; der zweiten die Dominationes, Virtutes, Potestates; der letzten die Principatus, Engel und Erzengel.
Diese Hierarchien sind unterschieden in ihrer Würde und in ihrem Amt gleich den Dienern eines irdischen Fürsten.«

Die Engel-hierarchien

Die Namen kommen aus verschiedenen Zusammenhängen:
Seraphim (Geister der Liebe) und
Cherubim (Geister der Weisheit) aus dem
   Hebräischen,
Throni/Throne (wörtlich »Sitze«, von denen waltender Wille ausgeht wie von einem Königsthron),
Engel (von Angeloi, Bote) und
Erzengel (von Archangeloi, »Anfangsengel«) aus
   dem Griechischen.
Die Übrigen sind Namen aus dem Griechischen in das Lateinische übersetzt:
Dominationes aus Kyriotetes (Majestäten, Herrscher,
   Gebieter),
Virtutes aus Dynameis (Kraft, Stärke, Vermögen,
   Möglichkeiten, Fähigkeiten),
Potestates aus Exusiai (Recht, Vollmacht, Erlaubnis,
   Freiheit, Macht, Obrigkeit) und
Principatus von Archai (Ursprung, Anfang, Beginn).

Die Engelreiche

Die griechischen Namen verwendet Rudolf Steiner in seinen geisteswissenschaftlichen Schilderungen und beschreibt genau die Aufgaben und Wirkensweise der verschiedenen Engelreiche, wie sie auch aus den Namen schon anfänglich zu ersehen sind.

Im Gottesdienst der »Bewegung für religiöse Erneuerung«, der »Christengemeinschaft«, wird in den zwölf Tagen der Weihnachtszeit ein großer Hymnus gesprochen, in dem der Mensch mit seinem Lobgesang in den aller Hierarchien einstimmt. Da erklingen die Namen

Engel, Erzengel, Urkräfte
Offenbarer, Weltenkräfte, Weltenlenker
Throne, Cherubim und Seraphim.

Der »offene Himmel« der Weihnachtszeit gibt sozusagen »den Blick frei« auch auf die ganze Engelwelt bis zur Tiefe der Gottheit selbst. Betrachtet man unter diesem Gesichtspunkt alte Bilder von Verkündigung und Weihnachten, wird man erstaunt feststellen können, wieviel Weisheit von den Malern in diese Bilder hineingeheimnisst wurde.

Die Silvesternacht

Erinnerung und Impuls

In der Weihnachtszeit wird Silvester als Mitte erlebt, wenn es rein rechnerisch auch nicht die Mitte ist. Das alte Jahr geht zu Ende, überall wird Rückschau gehalten und Bilanz gezogen. Nicht alles Gewesene wird Anlaß zur Dankbarkeit geben können, ein tiefes Gefühl sagt aber, daß Dankbarkeit eigentlich die angemessene Empfindung gegenüber der Vergangenheit ist. Auch Schweres hat Früchte gezeitigt oder möchte in seinem Sinn erkannt werden. Aus dem Rückblick möchten neue Impulse für alle Pläne, Aufgaben, Vorhaben im neuen Jahr kommen.

Wie der antike Gott Janus, der zwei Gesichter hat, schauen wir zurück und in die Zukunft. In dieser Weise fangen wir in unserem bewußten Leben auf, was für unsere Sinne nicht unmittelbar wahrnehmbar in der Natur geschieht. Wie schon gesagt, kann vieles durch genaue Naturbeobachtung entdeckt werden; was sich geistig dahinter abspielt, kann die Geistesforschung hinzufügen und dadurch das Bild ergänzen. Rudolf Steiner beschreibt, daß die Naturreiche in dieser Nacht in ein ganz besonderes Verhältnis zueinander kommen.

Die Erde, ein lebendiges Wesen

Wenn wir uns als Menschen in unserem Erdenleben betrachten, erleben wir uns in ganz verschiedenen Bewußtseinszuständen: hellwach oder verträumt, tief schlafend oder nah am Aufwachen. Ausgehend von diesen Erfahrungen kann man zu denken versuchen, daß auch die Erde als Ganze ein lebendiges Wesen

Die Silvesternacht

ist. Die leblosen Mineralien und Metalle, die lebendige Pflanzenwelt und die empfindenden Tiere gehören mit dem Menschen zum Ganzen der Erde dazu, nur werden wir keinem der »unter« uns stehenden Naturreiche – Stein, Pflanze, Tier – ein Bewußtsein, wie wir es als Mensch haben, zusprechen. Aber, daß sie ein Bewußtsein haben, ist möglich zu denken. Daß Tiere, vor allem die höheren Tiere, empfinden und Bewußtsein haben, ist auf den ersten Blick zu sehen. Für Pflanzen und Steine ist es weniger leicht wahrzunehmen. Eine Brücke kann sein sich vorzustellen, daß die Pflanzen im Sprossen, Wachsen und Blühen, im Ausbilden der Früchte »ganz mit sich selbst beschäftigt« sind, also z. B. ein Apfelbaum voller reifender Äpfel ein träumendes Bewußtsein von sich selbst hat. Was aus dem Umkreis an Licht, Wärme und Feuchtigkeit für dieses Wachsen, Blühen und Fruchten kommt und aufgenommen wird, gehört dann in diesen Traum hinein. Im Samen ist dann das ganze Pflanzenwesen konzentriert. Wenn er im Winter in der Erde ruht, kann sich das Bewußtsein der Pflanze dem Umkreis auftun, d. h. dem, was aus dem Kosmos, den Sternenweiten, an geistigen Kräften kommt. Die Pflanze ist nicht mehr träumerisch mit sich beschäftigt, sie ist »wach«.

Bewußtsein der Pflanzen und Mineralien

Am Mineralreich ist es für die sinnliche Anschauung schwer zu erfassen, welche Rhythmen sein Bewußtsein im Jahreslauf hat, aber auch hier ist es möglich zu denken, daß es ein Bewußtsein hat, z. B. ein Tiefschlaf-Bewußtsein. Rudolf Steiner schildert für die Silvesternacht, daß die verschiedenen Rhythmen von

Die Silvesternacht

Urbilder schweben zur Erde

Mineral- und Pflanzenbewußtsein sich überschneiden, bzw. zusammenfallen, wodurch Offenheit für geistige Kräfte entsteht. Er beschreibt, daß die geistigen Urbilder der Pflanzen aus der Sphäre, in der sie von den »Göttern«, den Hierarchien, gedacht, d. h. hervorgebracht werden, in der Silvesternacht zur Erde kommen, wie eine Menschenseele, die geboren werden soll. Geistig gesehen schweben oder rieseln oder tanzen die Pflanzenurbilder wie abertausend leuchtende kleine »Sternschnuppen« in den Lebensumkreis der Erde. Wenn die Pflanzen dann im Frühling wachsen, Stengel und Blätter bilden, grün werden, tun sie das aus der Kraft der Samen vom vergangenen Jahr, die Blüten und damit die Anlage zu Frucht und Samen stammen aus der Gnade der Silvesternacht.

Versucht man diese zunächst ungewohnten Gedanken zu denken und mit ihnen zu leben, entwickeln sie erstaunliche Lebendigkeit. Die Frage entsteht: Wie steigert sich die Geistoffenheit des Menschen in dieser Nacht? Wie ist das Verhältnis zum eigenen höheren Wesen, dem eigenen Engel? Was ist für die zweite Hälfte der Weihnachtszeit, was für das neue Jahr zu fassen?

Beobachtungen und Anregungen

In den angedeuteten Motiven lassen sich vielerlei Beobachtungsfelder für die zwölf heiligen Nächte und Tage entdecken.

Vor allem das Einschlafen und Aufwachen könnte sorgsamer als sonst beobachtet werden. Vielleicht sind morgens Träume festzuhalten oder eine besondere Stimmung, vielleicht gehörte Worte.

Träume und Stimmungen notieren

Ein anderes Feld ist das Licht. Wie verschieden die Witterungsverhältnisse auch jedes Jahr sind und am Tag wechseln, es ist fast immer möglich, die besondere Lichtqualität dieses Tages zu beschreiben. Oft ist darin etwas von dem Licht des Monats, den dieser Tag vertritt. Bei der Lichtbeobachtung könnte man versuchen, z. B. jeden Tag den Morgenhimmel mit seinen Farben und Wolkengestalten anzuschauen und vielleicht mit Hilfe von Farbstiften eine Skizze zu machen.

Lichtbeobachtung

Welche Menschenbegegnungen sind unerwartet plötzlich da und erweisen sich als bedeutsam, welche »Zufälle« gibt es, welche Briefe kommen, welche wollen endlich geschrieben werden?

Begegnungen

Zu den Beobachtungen, die mehr das betreffen, was in irgendeiner Weise »von außen« an einen herankommt, können vielerlei eigene Aktivitäten dazukommen. Angefangen bei einer sorgfältigeren Vorbereitung auf die Nacht: Eine besinnliche Tagesrück-

Tagesrückblick

Beobachtungen und Anregungen

schau und ein Gebet vertiefen die Empfindung für die Heiligkeit des Schlafes und dadurch wird der Nachklang der Nacht deutlicher sein.

Monats-rückblick

Rückschau und Vorblick sind Thema der ganzen Weihnachtszeit. Die Monate des vergangenen Jahres könnten rückwärts durchwandert werden in Ergänzung des Vorfühlens des kommenden Jahres. Genaue, ungeschminkte Erinnerung verarbeitet, was noch liegen geblieben ist, aus welchen Gründen auch immer, und gibt neuen Impulsen Kraft.

Rhythmisch leben

Eine Hilfe ist es, in dieser Zeit möglichst regelmäßig zu leben. Der Seelenspiegel beruhigt sich und kann klarer die Sterne spiegeln, wie ein stiller Gebirgssee.

Für alle geistige Tätigkeit lohnt es sich, große Themen zu wählen, die die Seele über die Tagesanforderungen erheben und das Gefühl für große Zusammenhänge und Heiliges beleben.

Zwölfheiten studieren

Man könnte Zwölfheiten studieren:
die zwölf Apostel,
die zwölf Monate mit den Tierkreisbildern und -zeichen,
Darstellungen vom Tierkreis in der Kunst,
die Sternbilder am Himmel,
die zwölf Edelsteine vom »Neuen Jerusalem«
  (Offenbarung des Johannes 21, 19-20)
  (Jaspis, Saphir, Chalzedon, Smaragd, Sardonyx, Karneol, Chrysolith, Beryll, Topas, Chrysopras, Hyazinth, Amethyst),

Beobachtungen und Anregungen

die zwölf Sinne (Tast-, Lebens-, Eigenbewegungs-, Gleichgewichts-, Hör-, Wärme-, Seh-, Geschmacks-, Gedanken-, Laut-, Sprach- und Ich-Sinn), oder
die zwölf Tugenden (Devotion, inneres Gleichgewicht, Ausdauer, Selbstlosigkeit, Mitleid, Höflichkeit, Zufriedenheit, Geduld, Gedankenkontrolle, Mut, Diskretion, Großmut),
das Gedicht »Die Geheimnisse« von Johann Wolfgang von Goethe,
Märchenmotive.

Die angeführten Gedenktage ließen sich vervollständigen durch Geburts- oder Todestage besonderer oder persönlich bekannter Menschen und deren Biographien könnten Gegenstand des Studiums sein.

Es kann zur Signatur eines Jahres gehören, welches Thema einen überhaupt am meisten beschäftigt und in der Weihnachtszeit vertieft werden möchte.

Alle diese Überlegungen könnten dazu führen zu fühlen, daß die Zeit der heiligen zwölf Nächte und Tage in keinem Fall, auch nicht zeitweise, in äußerer Hektik ertrinken soll, daß kleine Inseln von seelischer Ruhe und geistiger Helligkeit immer da sein möchten, wenn man an dem Segen dieser Tage Anteil sucht. In dieser Zeit ein Tagebuch zu führen, wird solche Inseln der Ruhe schaffen können.

Die Heiligkeit der Zeit bewußt erleben

Das Tagebuch

Es gibt die geistige Tradition der Gedenktage. Sie bezieht sich auf Menschen, die durch ihre Taten für die geschichtliche Entwicklung maßgebend wurden. Die Gedenktage für die Weihnachtszeit sind sehr alt. Dem Wesen dieser Menschen und ihrer Taten nachzusinnen, beleuchtet die Weihnachtstage in besonderer Weise, der Blick in die Vergangenheit macht die Gegenwart deutlicher.

Der Vorblick auf die zwölf Monate des kommenden Jahres möchte durch die Gedichte angeregt werden, die die jahreszeitliche Stimmung hereinrufen. Es ist hochinteressant zu verfolgen, ob und wie etwas von dieser Monatsstimmung an dem betreffenden Tag zu erleben ist.

Die beweglichen christlichen Feste Ostern, Himmelfahrt, Pfingsten wandern in den Monaten März, April, Mai und Juni und können jeweils in Gedanken entsprechend eingefügt werden.

Der freie Raum auf den folgenden Seiten mag für eigene Notizen dienen, vielleicht wird auch ein zusätzliches Heft als Tagebuch sinnvoll sein.

Der Lesevorschlag ist als Hilfe gedacht, die Geschichte oder die Persönlichkeit des Tages in den biblischen Quellen aufzusuchen.

Das Tagebuch der Weihnachtszeit

Tagebuch

Der Tag
ist mein Buch.
Hier trage ich
Leben ein
an dem ich
mich erfreue
das
ich erleide

Rose Ausländer

24. Dezember

Adam-und-Eva-Tag

In der Menschheitsentwicklung war der Zugriff des Widersachers ein einschneidendes Ereignis. Bis dahin war der Mensch – die Menschheit – in das Weben und Leben des Göttlichen eingebettet, wie es die Bilder des Alten Testamentes beschreiben. Der Weg aus dem »Paradies« in die Distanz, die Entfremdung, die Einsamkeit wurde der Weg in die Freiheit und hier liegt die Möglichkeit, Gutes wie auch Böses zu tun. »Zwischen Reiz und Reaktion liegt ein Raum. In diesem Raum liegt unsere Macht zur Wahl unserer Reaktion. In unserer Reaktion liegen unsere Entwicklung und unsere Freiheit« (zitiert nach Covey). In der Freiheit ist Raum für Schuld. Anerkennen und Erleiden der Schuld zeigen den Weg zu tieferer Liebe. Der notwendige Schritt war aber doch vom Widersacher veranlaßt, die Folge gewichtiger und weitreichender, als daß der Mensch sie aus eigener Kraft hätte ausgleichen können. So wurde die Sehnsucht nach »Erlösung« stärker, je deutlicher die Auswirkungen wurden.

Das scharfe Bewußtsein dieser Tatsache wurde als wichtige Vorbereitung der Weihe-Nacht erlebt, wie es einige alte Weihnachtslieder noch in Spuren enthalten:

**Lesevorschlag:
1. Mose, Kapitel 2 und 3**

»...er heilt den gift'gen Schlangenbiß,
den wir bekamen im Paradies ...«

Beginn der Weihe-Nacht

24. Dezember

Die Weihe der Nacht

Nächtliche Stille!
Heilige Fülle,
wie von göttlichem Segen schwer,
säuselt aus ewiger Ferne daher.

Was da lebte,
was aus engem Kreise
auf ins Weitste strebte,
sanft und leise
sank es in sich selbst zurück
und quillt auf in unbewußtem Glück.

Und von allen Sternen nieder
strömt ein wunderbarer Segen,
daß die müden Kräfte wieder
sich in neuer Frische regen,
und aus seinen Finsternissen
tritt der Herr, so weit er kann,
und die Fäden, die zerrissen,
knüpft er alle wieder an.

FRIEDRICH HEBBEL

25. Dezember — Geburt Jesu *Weihnachten*

»Heute ist euch der Heiland geboren, Christus der Herr, in der Stadt Davids. Und das sei euch das Zeichen: Ihr werdet ein Kind finden, in Windeln gewickelt und in einer Krippe liegend. Und es erschienen bei dem Engel die himmlischen Heerscharen, die lobten Gott und sprachen:

Geoffenbaret sei Gott in den Höhen
und Frieden auf Erden
den Menschen, die eines guten Willens sind.

Und es begab sich, als die Engel von ihnen gen Himmel gefahren waren, da sprachen die Hirten zueinander: Lasset uns doch nach Bethlehem hingehen und diese Sache sehen, die geschehen ist und die der Herr uns kundgetan hat. Und sie gingen eilends und fanden Maria und Joseph und das Kind in der Krippe liegend« (Lukas 2, 11-16).

Was in wenigen Worten im Evangelium erzählt wird, entfaltet seinen ganzen Zauber, seinen himmlischen Glanz, wenn die Seele in die Bilder eintauchen und sie lebendig machen kann. In der Tiefe der Erdennacht geschieht die Geburt, im Dunkel wird das Licht geboren, Gott beginnt seinen Weg zur Menschwerdung und lernt erleben, daß zur Geburt auch der Tod gehört. Mit dieser Geburt aber beginnen die Ereignisse, die zur Überwindung des Todes, zur Auferstehung führen werden.

Lesevorschlag: Lukas-Evangelium, Kapitel 2

Januar-Stimmung   *Epiphaniaszeit*   **25.** Dezember

Schnee,
Anspielung
auf die Zukunft.

Zukunft,
verletzliches Wort.

WALTER HELMUT FRITZ

Licht ist Liebe ... Sonnen-Weben
Liebes-Strahlung einer Welt
schöpferischer Wesenheiten –

die durch unerhörte Zeiten
uns an ihrem Herzen hält,
und die uns zuletzt gegeben

ihren höchsten Geist in eines
Menschen Hülle während dreier
Jahre: da Er kam in Seines

Vaters Erbteil – nun der Erde
innerlichstes Himmelsfeuer:
daß auch sie einst Sonne werde.

CHRISTIAN MORGENSTERN

Aufzeichnungen

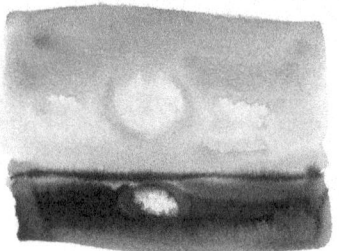

26. Dezember

Stephanus

Lesevorschlag:
Apostelgeschichte,
Kapitel 6 - 8

In der Zeit nach dem ersten Pfingstfest wuchs die Gemeinschaft der Christen rasch an, und es entfaltete sich reiches Leben. Die Apostel bemerkten, daß sie die Verkündigung des Wortes vernachlässigen mußten, um allen menschlichen Verhältnissen gerecht werden zu können. Sie ließen sieben Diakone wählen, die helfen sollten. Der erste von diesen war Stephanus, »ein Mann voll Glaubens und heiligen Geistes.« Er war »voll Gnade und Kraft und tat große Wunder und Zeichen unter dem Volke.« Er übersetzte das Evangelium in das Leben. Diejenigen aber, die Christus nicht als den Erwarteten erkennen konnten, griffen Stephanus an. Er verteidigte sich mit einer glänzenden Rede, seine Ankläger sahen sein Angesicht leuchten wie das eines Engels. Die Herzen der Zuhörer, der Ältesten, Schriftgelehrten und Priester, wurden aufs Äußerste empört, »sie knirschten mit den Zähnen wider ihn. Er jedoch, erfüllt mit dem heiligen Geist, blickte zum Himmel auf und sah die Herrlichkeit Gottes und Jesus zur Rechten Gottes stehen und sprach: ‚Siehe, ich sehe die Himmel offen und den Sohn des Menschen zur Rechten Gottes stehen'.« Als man ihn vor der Stadt steinigte, bewachte Saulus von Tarsus (Paulus) die Kleider der Tötenden.

Februar-Stimmung

26.
Dezember

Vorfrühling

Vorfrühling seufzt in weiter Nacht,
daß mir das Herze brechen will;
die Lande ruhn so menschenstill,
nur ich bin aufgewacht.

O horch, nun bricht des Eises Wall
auf allen Strömen, allen Seen;
mir ist, ich müßte mit vergehn
und, Woge, wieder auferstehen
zu neuem Klippenfall.

Die Lande ruhn so menschenstill;
nur hier und dort ist wer erwacht,
und seine Seele weint und lacht,
wie es der Tauwind will.

CHRISTIAN MORGENSTERN

Aufzeichnungen

27. Dezember

Johannes, der Evangelist

Johannes ist dem Herzen Christi nahe wie kein anderer Mensch. Er ist der Jünger »den der Herr liebte.« Im Johannes-Evangelium wird es mit den Worten angedeutet: »Jesus liebte Martha und ihre Schwester und den Lazarus« (Johannes 11, 5) und bei Markus heißt es, daß Jesus den reichen Jüngling, der nach dem zeitlosen Leben fragt, ansieht und liebt. In diesen Hinweisen verbirgt sich das »offenbare Geheimnis«, daß der reiche Jüngling Lazarus war, und daß er das zeitlose Leben durch seine Einweihung gefunden hat. Sein weiteres Schicksal umfaßt immer mehr und Größeres. Er ist der einzige Jünger, der den Leidensweg Christi, die Ereignisse von Gründonnerstag bis Karsamstag, vom Abendmahl bis zur Grablegung in unmittelbarer Nähe Jesu miterlebt hat und dem am Ostermorgen als erstem klar wurde, daß Christus auferstanden ist (Johannes 20, 8). Er hat die Mutter Jesu zu sich aufgenommen (Johannes 19, 26-27) und mit ihr in Ephesus gelebt, in Rom das Martyrium erlitten, auf Patmos die große Offenbarung der »Apokalypse« aufgeschrieben und als fast Hundertjähriger in Ephesus das Evangelium.

Lesevorschlag: Johannes-Evangelium, Kapitel 11; Kapitel 18, 15 - 16; Kapitel 19; Offenbarung des Johannes, Kapitel 1

März-Stimmung *Passionszeit*

Säerspruch

Bemeßt den Schritt! Bemeßt den Schwung!
Die Erde bleibt noch lange jung!
Dort fällt ein Korn, das stirbt und ruht.
Die Ruh ist süß. Es hat es gut.

Hier eins, das durch die Scholle bricht.
Es hat es gut. Süß ist das Licht.
Und keines fällt aus dieser Welt
und jedes fällt, wie's Gott gefällt.

   Conrad Ferdinand Meyer

Aufzeichnungen

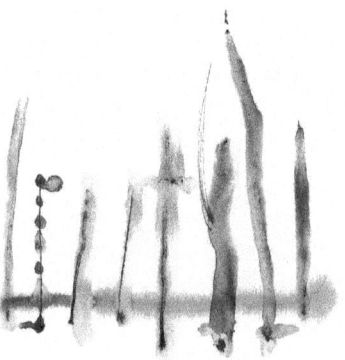

28. Dezember

Die unschuldigen, von Herodes getöteten Kinder

Wie auch immer die historische Wirklichkeit ausgesehen hat – Herodes vertritt die Herrschergewalt des Irdisch-Materiellen, die die zarten neugeborenen Kräfte der Menschheit, alles Zukünftige verhindern, »töten« will und das immer neu tut im übertragenen und buchstäblichen Sinn. Das 20. Jahrhundert begann als »Jahrhundert des Kindes«. Die Pädagogik hat viel Aufmerksamkeit erfahren und viele neue Arten der Erziehung entwickelt, aber in keinem Jahrhundert wohl haben die Kinder so viel erlitten, wie im vergangenen und es ist kein Ende abzusehen. Das Bild von der Ermordung der unschuldigen Kinder könnte so übersetzt werden, daß auch das Jesuskind in einer bedrohenden Welt geboren wurde, wie jedes Menschenkind. Die Seelen der getöteten Kinder aber haben gleichsam eine schützende Hülle für das Leben dieses besonderen Kindes gebildet.

Lesevorschlag: Matthäus-Evangelium, Kapitel 2

April-Stimmung   *Osterzeit*

28.
Dezember

Frühlingsglaube

Die linden Lüfte sind erwacht,
sie säuseln und weben Tag und Nacht,
sie schaffen an allen Enden.
O frischer Duft, o neuer Klang!
Nun, armes Herze, sei nicht bang!
Nun muß sich alles, alles wenden.

Die Welt wird schöner mit jedem Tag,
man weiß nicht, was noch werden mag,
das Blühen will nicht enden.
Es blüht das fernste, tiefste Tal:
Nun, armes Herz, vergiß der Qual!
Nun muß sich alles, alles wenden.

LUDWIG UHLAND

Aufzeichnungen

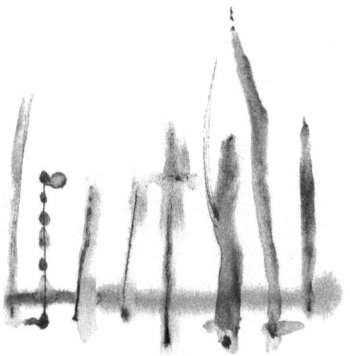

29. Jonathan, der Freund
Dezember

Jonathan war ein Sohn von Saul, dem ersten König Israels (1032-1012 v.Chr.). Es werden viele Heldentaten von ihm erzählt. Wie er David kennenlernte und dieser sich nicht nur über Goliath, sondern auch im Kampf gegen die Philister siegreich erwies, »verband sich das Herz Jonathans mit dem Herzen Davids und Jonathan gewann ihn lieb wie sein eigenes Herz. ... Und Jonathan und David machten einen Bund miteinander; denn er hatte ihn lieb wie sein eigenes Herz. Und Jonathan zog aus seinen Rock, den er anhatte und gab ihn David, dazu seinen Mantel, sein Schwert, seinen Bogen und seinen Gürtel« (1. Samuel 18, 1-4).

Als später Saul in seiner Verdüsterung David nach dem Leben trachtete, schützte Jonathan den Freund. Er blieb der Freund bis zu seinem Tod, den er mit seinem Vater Saul zusammen im Kampf gefunden hat. Jonathan verkörpert die Gestalt des Freundes schlechthin. »Er hatte ihn so lieb wie seine Seele« heißt es noch einmal in der Beschreibung dieser Freundschaft (1. Samuel 20, 17). Etwas vom Geheimnis jeder wahren Freundschaft schimmert darin auf.

Lesevorschlag:
Altes Testament, 1. Samuel, Kapitel 18 - 20 und 31

Mai-Stimmung *Himmelfahrtszeit*

Mailied

Wie herrlich leuchtet
mir die Natur!
Wie glänzt die Sonne!
Wie lacht die Flur!

Es dringen Blüten
aus jedem Zweig
und tausend Stimmen
aus dem Gesträuch,

und Freud und Wonne
aus jeder Brust.
O Erd, o Sonne!
O Glück, o Lust!

O Lieb, o Liebe!
so golden schön,
wie Morgenwolken
auf jenen Höhn.

Du segnest herrlich
das frische Feld,
im Blütendampfe
die volle Welt.

O Mädchen, Mädchen,
wie lieb ich dich!
Wie blickt dein Auge!
Wie liebst du mich!

So liebt die Lerche
Gesang und Luft,
und Morgenblumen
den Himmelsduft,

wie ich dich liebe
mit warmem Blut,
die du mir Jugend
und Freud und Mut

zu neuen Liedern
und Tänzen gibst.
Sei ewig glücklich,
wie du mich liebst!

JOHANN WOLFGANG
VON GOETHE

Aufzeichnungen

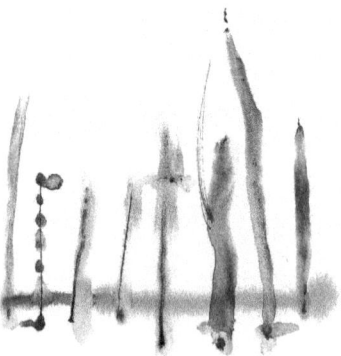

30. David
Dezember

Er ist geboren aus »der Wurzel Jesse«, das bedeutet: Er ist ein Sohn des Isai (Buch Ruth, 1. Samuel 16, 1-3). Er wird dann selbst zu dieser Wurzel Jesse für den Heiland, wie es in zweifacher Weise in den »Stammbäumen« Jesu bei Matthäus und Lukas beschrieben ist. In seinem eigenen Leben erfährt er manches, was wie vorweggenommene Bilder für Ereignisse im Leben Jesu Christi sind. Als Jüngster von acht Brüdern wird er früh von dem Propheten Samuel zum »heimlichen König« gesalbt, er ist Hirte für die Schafe seines Vaters, Sänger und Dichter, Kämpfer und Ratgeber für den König. In der Zeit der Verfolgung durch Saul schont er dessen Leben, anstatt ihn mitleidlos eigennützig zu töten.

Als alternder König erfährt er Leid durch seine Söhne und ist nicht geschützt vor eigener Schuld.

Die ersten drei großen Könige Israels – Saul, David, Salomo – haben im Charakter ihres Lebens ähnlich wie die drei Erzväter Abraham, Isaak und Jakob etwas von den Qualitäten der göttlichen Trinität: vom begründenden Sein des Vaters, der schaffenden und opfernden Kraft des Sohnes und dem Erkenntnislicht des Heiligen Geistes. David ist der leibliche Ahne für Jesus und auch im Seelischen zeigen sich prophetisch »christliche« Züge.

Lesevorschlag:
Altes Testament,
1. Samuel, Kapitel 16 - 21; 24; 26;
2. Samuel, Kapitel 15

Juni-Stimmung *Pfingsten*

Trost

Unsterblich duften die Linden –
was bangst du nur?
Du wirst vergehn, und deiner Füße Spur
wird bald kein Auge mehr im Staube finden.
Doch blau und leuchtend wird der Sommer stehen,
und wird mit seinem süßen Atemwehen
gelind die arme Menschenbrust entbinden.
Wo kommst du her? Wie lang bist du noch hier?
Was liegt an dir?
Unsterblich duften die Linden.

Ina Seidel

Aufzeichnungen

31. Dezember

Silvester

Silvester I. war römischer Bischof von 314 bis 335 n. Chr. Er starb am 31. Dezember. Zu seiner Zeit gab es noch keine Vormachtstellung des römischen Bischofs vor den anderen Patriarchen. Diese Anschauung und dieses Selbstgefühl entwickelte sich erst in den auf ihn folgenden Generationen, bis in Leo I. (440 bis 461) der erste »Papst« auf dem römischen Bischofsstuhl saß. Silvester I. hat von Rom aus die Herrschaft Kaiser Konstantins des Großen verfolgt und die Wandlung des Christentums aus einer verachteten, bedrohten Religionsgemeinschaft zur »Staatskirche« miterlebt. Aus der äußeren Ohnmacht wurde Macht. Er lebte in einer bedeutenden Übergangszeit und steht daher wohl nicht zu Unrecht im Jahreslauf an dieser Stelle des Übergangs einer abgelaufenen zu einer neu beginnenden Zeit. Jeder Übergang, jede grundlegende Wendung hat viele Möglichkeiten in sich und fordert Wachheit und Urteilskraft heraus, damit das gegriffen werden kann, was den eigenen Intentionen entspricht.

Lesevorschlag: Offenbarung des Johannes, Kapitel 21, 1 - 7

Juli-Stimmung *Johannizeit*

31.
Dezember

Wolle die Wandlung. O sei für die Flamme begeistert,
drin sich ein Ding dir entzieht, das mit Verwandlungen
   prunkt;
jener entwerfende Geist, welcher das Irdische meistert,
liebt in dem Schwung der Figur nichts wie den
   wendenden Punkt.

Was sich ins Bleiben verschließt, schon ist's das Erstarrte;
wähnt es sich sicher im Schutz des unscheinbaren
   Grau's?
Warte, ein Härtestes warnt aus der Ferne das Harte.
Wehe –: abwesender Hammer holt aus!

Wer sich als Quelle ergießt, den erkennt die Erkennung;
und sie führt ihn entzückt durch das heiter Geschaffne,
das mit Anfang oft schließt und mit Ende beginnt.

Jeder glückliche Raum ist Kind oder Enkel von Trennung,
den sie staunend durchgehn. Und die verwandelte
Daphne will, seit sie Lorbeern fühlt, daß du dich
   wandelst in Wind.

RAINER MARIA RILKE

Aufzeichnungen

1. Januar

Jesus Christus

»Und als acht Tage erfüllt waren, nach denen man ihn beschneiden mußte, da wurde ihm der Name Jesus gegeben, der von dem Engel genannt worden war, ehe er im Mutterleib empfangen wurde« (Lukas 2, 21). So wird das Kind in seinen menschlichen Umkreis und in das Leben seiner Kultur aufgenommen. Der Name verbindet sich mit der Individualität, der Mensch mit dem Namen. Nennen wir den Namen eines nicht anwesenden Menschen, so ist etwas von seinem Wesen mit einem Mal da.

Zum Namen Jesus gehört der Name Christus seit der Taufe im Jordan hinzu. »Du bist der Christus, der Sohn des lebendigen Gottes«, antwortet Petrus auf die Frage Jesu: »Ihr aber, für wen haltet ihr mich?« (Matthäus 16, 16). Jesus Christus, Gottes Sohn – das Neue Jahr in seinem Namen beginnen, heißt aufs Neue zu versuchen, seine Kraft in das eigene Leben aufzunehmen. »Das Gesetz ist durch Moses gegeben, die Gnade und die Wahrheit aber ist durch Jesus Christus entstanden. Gott hat niemand bisher mit Augen geschaut. Der eingeborene Sohn, welcher im Innern des Weltenvaters war, er ist der Führer in diesem Schauen geworden« (Johannes 1, 17-18).

Lesevorschlag: Johannes-Evangelium, Kapitel 1, 1 - 18, der »Prolog«

August-Stimmung

Januar

Einsamer nie als im August:
Erfüllungsstunde – im Gelände
die roten und die goldenen Brände,
doch wo ist deiner Gärten Lust?

Die Seen hell, die Himmel weich,
die Äcker rein und glänzen leise,
doch wo sind Sieg und Siegsbeweise
aus dem von dir vertretenen Reich?

Wo alles sich durch Glück beweist
und tauscht den Blick und tauscht die Ringe
im Weingeruch, im Rausch der Dinge –:
dienst du dem Gegenglück, dem Geist.

GOTTFRIED BENN

Aufzeichnungen

2.
Januar

Melchior

In der Reihe der Gedenktage erscheinen nach der Jahreswende die drei Magier, die später gemeinsam dem Stern nach Bethlehem folgen und dem Kind huldigen, zuerst einzeln. Alte Traditionen lassen sie aus verschiedenen Ländern des Ostens kommen als Repräsentanten der alten Kulturen. Die Gaben, die sie mitbringen, symbolisieren den Ertrag der Menschheitsgeschichte in den verschiedenen Entwicklungsepochen, jeweils »eine ganze Welt«.

Der Name Melchior entstammt der hebräischen Sprache und bedeutet »König des Lichtes« – melek'or. Der persische Gott Ahura Mazdao wurde als ein solcher »König des Lichtes« verehrt, man erlebte ihn in der Sonne und wußte, daß er einst zur Erde kommen sollte.

Aus dem Altpersischen:
Die mächtige, die königliche Verheißung tragende Sonnen-Äther-Aura, die Gottgeschaffene, verehren wir im Gebet, die übergehen wird auf den sieghaftesten der Heilande und die anderen, seine Apostel, die die Welt vorwärts bringt, die sie überwinden läßt. Alter und Tod, Verwesung und Fäulnis, die ihr verhilft zu ewigem Leben, zu ewigem Gedeihen, zu freiem Willen, wenn die Toten wieder auferstehen, wenn der lebende Überwinder des Todes kommt und durch den Willen die Welt vorwärts gebracht wird.

September-Stimmung

2. Januar

Herbstbild

Dies ist ein Herbsttag, wie ich keinen sah!
Die Luft ist still, als atmete man kaum,
und dennoch fallen raschelnd, fern und nah,
die schönsten Früchte ab von jedem Baum.

O stört sie nicht, die Feier der Natur!
Dies ist die Lese, die sie selber hält;
denn heute löst sich von den Zweigen nur,
was vor dem milden Strahl der Sonne fällt.

FRIEDRICH HEBBEL

Aufzeichnungen

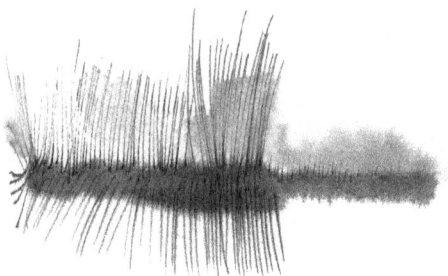

3.
Januar

Caspar

Sein Name wird offiziell vom persischen Kandschwar abgeleitet, was »der Schatzmeister« heißt. Man könnte aber auch »Gataspar« oder »Gitaspar« lesen. Dann würde die Verbindung zu Indien deutlich, denn er ist der Repräsentant der uralt-heiligen indischen Kultur, die jenseits des heute historisch zu Fassenden zu suchen ist. Was heute an alten indischen Texten (z. B. die Bhagavadgita, die Upanishaden) vorhanden ist, erscheint wie der Abglanz der alten Kultur und doch läßt sich die alles durchziehende Geistverbundenheit auch in ihnen erleben.

Lesevorschlag: Bhagavadgita 9.-11. Gesang und Lukas-Evangelium, Kapitel 8, 4-15

Die drei Gaben Gold, Weihrauch und Myrrhe charakterisieren Wesentliches aus der jeweiligen Kulturepoche. Das Gold läßt sich der Sonne zuordnen, aus deren Kräften in der alten persischen Kultur Zarathustra die Erdenverhältnisse gestaltete. Der aufsteigende Weihrauch ist Bild für die innige Verbundenheit der Menschenseele mit der göttlichen Welt, wie sie in den ältesten Zeiten erlebt wurde, und Myrrhe erinnert an ihre Verwendung als Arznei und als Mittel für die Einbalsamierung in der ägyptischen Kultur, in der die Mumie das besondere Verhältnis zur Totenwelt bezeichnete.

Oktober-Stimmung *Michaelizeit*

3.
Januar

Herbsttag

Herr: es ist Zeit. Der Sommer war sehr groß.
Leg deinen Schatten auf die Sonnenuhren,
und auf den Fluren laß die Winde los.
Befiehl den letzten Früchten voll zu sein;
gib ihnen noch zwei südlichere Tage,
dränge sie zur Vollendung hin und jage
die letzte Süße in den schweren Wein.
Wer jetzt kein Haus hat, baut sich keines mehr.
Wer jetzt allein ist, wird es lange bleiben,
wird wachen, lesen, lange Briefe schreiben
und wird in den Alleen hin und her
unruhig wandern, wenn die Blätter treiben.

                Rainer Maria Rilke

Aufzeichnungen

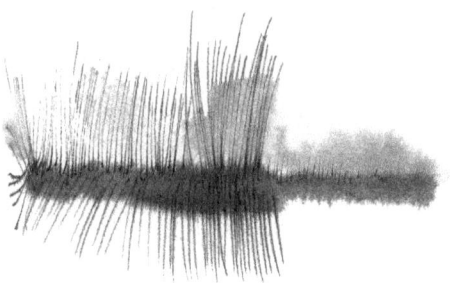

4. Januar

Balthasar

Dieser Name kann aus dem babylonischen »bel scharr ussur« abgeleitet werden und heißt »Gott schütze sein Leben«. Die babylonisch-ägyptische Kulturepoche wird durch diesen dritten der Magier repräsentiert. Was wir aus dieser Zeit wissen, zeigt ein Verhältnis des Menschen zum Tod, das im Verhältnis zu älteren Kulturen neu war. Der Totenkult, die reichgeschmückten Gräber, Texte wie das »Ägyptische Totenbuch« und die Praxis, die Seele so zu schulen, daß sie in der Einweihung durch einen Todesschlaf in die geistige Welt gelangen kann, um wissend in das Erdenleben zurückzukehren, sind einige Motive dieser Kultur. Die verschiedenen Zeitalter der Menschheitsgeschichte hat man oft auch mit den verschiedenen Lebensaltern der Menschen in Zusammenhang gebracht. So kann man auf den meisten alten Bildern die drei Magier als Menschen verschiedenen Alters dargestellt sehen. Fast immer kniet Caspar, der Älteste, anbetend vor dem Kind, Melchior ist der Mann im besten Alter und Balthasar ein Jüngling, meist noch ohne Bart. Auch ist auffallend, daß erst nach dem Jahr 1500 n. Chr. der dritte König als Mohr dargestellt wird, also erst, nachdem die Entdecker nach Westen in die »neue Welt« gefahren sind und damit eine neue Zeit angebrochen war, die »Neuzeit«, denn daß es Menschen schwarzer Hautfarbe gibt, war immer eine Selbstverständlichkeit, waren doch die Menschen Alt-Ägyptens dunkelhäutig, wie die Äthiopier und Jemeniten.

Lesevorschlag: Der Mythos von Isis und Osiris (z. B. zu finden bei Brunner-Traut, Altägyptische Märchen) und Betrachten ägyptischer Kunst

November-Stimmung
Gedenken an die Toten

4. Januar

Schöner Novembertag

Weil die Äste schon kahl sind,
fließt das Licht leichter durch sie,
auch harft übern Fluß her der Wind,
so süß wie noch nie.

Wie eine riesige Frucht
hängt die Sonne im Blau.
Wer sie jetzt nicht mehr sucht,
findet am Dornstrauch die Beere, die schlau
im Laub des Sommers sich barg.

Der Fisch in der kiesigen Bucht
hat Flossen rosenrot,
und steht so still, als wäre
er wie das Schneewittchen im gläsernen Sarg
verzaubert und tot.

      GEORG BRITTING

Aufzeichnungen

5. Januar

Simeon Stylites

Dieser Simeon lebte im 5. Jahrhundert in Syrien, er starb 459 n. Chr., nachdem er dreißig Jahre lang auf einer Säule gelebt hatte. Diese Form des Mönchtums hatte sich in Syrien herausgebildet und wurde durch lange Zeit hindurch immer wieder geübt. Eine solche Lebensform zu erfüllen, erscheint uns heute ganz unmöglich: Auf einer Säule zu leben bedeutet, die Bewegungen auf ein Minimum zu reduzieren, allen Willen, der den Körper bewegen möchte, der nach außen gehen möchte, durch die Willenskraft der Seele anzuhalten und nach innen zu wenden in die Tätigkeiten der Konzentration, der Meditation, des Gebetes, der Gedankenübung und des Ausgleichs aller Seelenstimmungen in einen inneren Frieden, in die Anschauung Gottes in der Seele.

Wenn wir am letzten Tag der zwölf heiligen Nächte und Tage dieses Heiligen gedenken, mag das unsere Aufmerksamkeit darauf lenken, daß wir die Erlebnisse dieser Weihnachtszeit für das Leben des kommenden Jahres verinnerlichen und nicht wegfließen lassen. Auch, daß das Leben des ganzen Jahres den Atem zwischen Tätigkeit nach außen und Besinnen nach innen braucht, wie es sogar von Jesus im Evangelium berichtet wird.

**Lesevorschlag:
Matthäus-Evangelium,
Kapitel 6,
5 - 15**

Dezember-Stimmung *Adventszeit*

5. Januar

An einem Wintermorgen vor Sonnenaufgang

O flaumenleichte Zeit der dunkeln Frühe!
Welch neue Welt bewegest du in mir?
Was ist's, daß ich auf einmal nun in dir
Von sanfter Wollust meines Daseins glühe?

Einem Kristall gleicht meine Seele nun,
Den noch kein falscher Strahl des Lichts getroffen;
Zu fluten scheint mein Geist, er scheint zu ruhn,
Dem Eindruck naher Wunderkräfte offen,
Die aus dem klaren Gürtel blauer Luft
Zuletzt ein Zauberwort vor meine Sinne ruft.

Bei hellen Augen glaub' ich doch zu schwanken;
Ich schließe sie, daß nicht der Traum entweiche.
Seh' ich hinab in lichte Feenreiche?
Wer hat den bunten Schwarm von Bildern und Gedanken
Zur Pforte meines Herzens hergeladen,
Die glänzend sich in diesem Busen baden,
Goldfarb'gen Fischlein gleich im Gartenteiche?
Ich höre bald der Hirtenflöten Klänge,
Wie um die Krippe jener Wundernacht,
Bald weinbekränzter Jugend Lustgesänge;
Wer hat das friedenselige Gedränge
In meine traurigen Wände hergebracht?

5. Januar

Dezember-Stimmung   **Adventszeit**

Und welch Gefühl entzückter Stärke,
In dem mein Sinn sich frisch zur Ferne lenkt!
Vom ersten Mark des heut'gen Tags getränkt,
Fühl' ich mir Mut zu jedem frommen Werke.
Die Seele fliegt, so weit der Himmel reicht,
Der Genius jauchzt in mir. Doch sage!
Warum wird jetzt der Blick von Wehmut feucht?
Ist's ein verloren Glück, was mich erweicht?
Ist es ein werdendes, was ich im Herzen trage? –
Hinweg, mein Geist! hier gilt kein Stillestehn:
Es ist ein Augenblick, und alles wird verwehn.

Dort, sieh! am Horizont lüpft sich der Vorhang schon.
Es träumt der Tag, nun sei die Nacht entflohn;
Die Purpurlippe, die geschlossen lag,
Haucht, halb geöffnet, süße Atemzüge:
Auf einmal blitzt das Aug', und, wie ein Gott, der Tag
Beginnt im Sprung die königlichen Flüge.

EDUARD MÖRIKE

5.
Januar

6. Januar

Das Fest der Erscheinung Christi
Epiphanias

In dreifacher Weise ist die Erscheinung Christi geschehen:

Der Stern wies die drei Magier mit ihren Gaben Gold, Weihrauch und Myrrhe zum Kinde. Bei der Taufe im Jordan erschien die Christus-Wesenheit und verband sich mit Jesus. Während der Hochzeit zu Kana offenbarte sich zum ersten Mal die schaffende Kraft des Christus in der Erdenwelt bis in die Verwandlung des Stoffes hinein, er verwandelte Wasser zu Wein.

Vom Stern, dem die Magier gefolgt sind, hatte auch schon der Prophet Bileam gesprochen. Er war gerufen worden, um das Volk Israel zu verfluchen, konnte das aber nicht, da er den Stern des Kommenden sah (4. Mose 22-24). »Ich sehe ihn, aber nicht jetzt; ich schaue ihn, aber nicht von nahe. Es wird ein Stern aus Jakob aufgehen« (4. Mose 24, 17). Jetzt war der Stern da, er »war nahe« und führte die drei Magier »bis er über dem Orte stillstand, wo das Kindlein war. Als sie aber den Stern sahen, wurden sie von großer Freude ganz erfüllt« (Matthäus 2, 9-10).

Lesevorschlag: Matthäus-Evangelium, Kapitel 2

Das neue Jahr mit dem Aufblick zum Stern zu beginnen, kann als Gebärde für die Bemühung eines jeden Tages hilfreich sein.

Stimmung der Zusammenfassung des Erlebten

6. Januar

Drei
sind der heiligen Ziele
des Lebens:
Das Finden des Aufgangs
in allen Dingen,
Ein Walten in Kraft
solange es Zeit ist zu wirken,
Und das Bereitsein
nach Gottes Ratschluß und Wink.

    FRIEDRICH DOLDINGER

Hier ist
Amen zu sagen
diese Krönung der Worte die
ins Verborgene zieht
und
Frieden
du großes Augenlid
das alle Unruhe verschließt
mit deinem himmlischen Wimpernkranz

Du leiseste aller Geburten.

    NELLY SACHS

Benützte und weiterführende Literatur:

BARZ, BRIGITTE (Hrsg.): *Bildmappen zu den Jahresfesten Advent, Weihnachten, Epiphanias*, Stuttgart 1992.

BENESCH, FRIEDRICH: *Christliche Feste – Weihnachten, Passion, Ostern*, Stuttgart 1993; *Apokalypse. Die Verwandlung der Erde. Eine okkulte Mineralogie*, Stuttgart 1981.

BOCK, EMIL: *Urgeschichten*, Stuttgart 1958; *Kindheit und Jugend Jesu*, Stuttgart 1956; *Das dreifache Mariengeheimnis*, Stuttgart 1997.

BRUNNER-TRAUT, EMMA: *Altägyptische Märchen*, München 1991.

CLOOS, WALTHER: *Das Jahr der Erde*, Stuttgart 1986.

COVEY, STEPHEN R.: *First Things First*, New York 1994.

DOLDINGER, FRIEDRICH: *Leben mit den Wochentagen*, Stuttgart 1972.

GLÖCKLER, MICHAELA: *Die Heilkraft der Religion*, Stuttgart 1999.

HAHN, HERBERT: *Von den Quellkräften der Seele*, Arlesheim 1959.

HEMLEBEN, JOHANNES: *Evangelist Johannes*, Hamburg 1972.

HOERNER, WILHELM: *Zeit und Rhythmus*, Stuttgart 1978.

KOLISKO, LILLY: *Sternenwirken in Erdenstoffen. Saturn und Blei. Ein Versuch, die Phänomene der Chemie, Astronomie und Physiologie zusammen zu schauen*, England 1952.

KRAUSE-ZIMMER, HELLA: *Die zwei Jesusknaben in der bildenden Kunst*, Stuttgart 4/2000; *Erdenkind und Weltenlicht*, Stuttgart 1979; *Herodes und der Stern von Bethlehem*, Stuttgart 1997.

LEBER, STEFAN: *Der Schlaf und seine Bedeutung,* Stuttgart 1996.

LIN, JEAN-CLAUDE (u. a. Hrsg.): *Die Monatstugenden. Zwölf Meditationen,* Reihe »Falter«, Stuttgart 2000.

LINDHOLM, DAN: *Das Traumlied vom Olav Åsteson,* Stuttgart 1967.

MARTIN, MICHAEL: *Hirten und Könige in den Oberuferer Weihnachtsspielen,* Dornach 1995.

MÖRIKE, EDUARD: Der alte Silvester und das Jahrkind, Stuttgart 1989

PERREY, WERNER: *Sternbilder,* Stuttgart 1993.

SCHROEDER, HANS-WERNER: *Mensch und Engel,* Stuttgart 1979. *Das Gebet,* Stuttgart 1977.

SCHÜTZE, ALFRED: *Mithras,* Stuttgart 1960.

SCHULTZ, JOACHIM: *Rhythmen der Sterne,* Dornach 1985.

SOESMAN, ALBERT: *Die zwölf Sinne, Tore der Seele,* Stuttgart 1998.

STEINER, RUDOLF: R. Steiner Gesamtausgabe, Dornach: *Die Geheimwissenschaft im Umriß,* GA 13; *Geistige Hierarchien und ihre Widerspiegelung in der physischen Welt,* GA 110; *Die Mission der neuen Geistesoffenbarung,* GA 127, hierin die Weihnachtsvorträge, z. B. »Weihnachten – ein Inspirationsfest« und »Die Geburt des Sonnengeistes als Erdengeist«; *Die geistigen Wesenheiten in den Himmelskörpern und Naturreichen,* GA 136; *Der Jahreskreislauf als Atmungsvorgang der Erde,* GA 223; *Das Miterleben des Jahreslaufes in vier kosmischen Imaginationen,* GA 229.

WEYMANN, ELSBETH: *Szepter und Stern,* Stuttgart 1993.

V. WISTINGHAUSEN, KURT: *Der verborgene Evangelist,* Stuttgart 1983.

Die Autorin

Cordelia Böttcher, geboren 1938 in Berlin, aufgewachsen in Niederbayern und München, Studium am Priesterseminar der Christengemeinschaft in Stuttgart und der evangelischen Theologie in Marburg und Hamburg. Seit 1964 Priesterin in Bremen, ab 1980 in Frankfurt am Main, Schwerpunkt: Arbeit mit Kindern und Jugendlichen. Studien der Geschichte, Kunstgeschichte und Literatur, zahlreiche Reisen in diesem Zusammenhang, Aufsätze in der Monatsschrift »Die Christengemeinschaft«, Vortragstätigkeit. Seit 1996 in Heidelberg und Mitarbeit in der Leitung der Christengemeinschaft.

Weitere Bücher von Cordelia Böttcher im Clavis Verlag

Ostern – Durch die Passion zur Auferstehung, Inspirationen für das Leben, ISBN/EAN 978-3-934839-16-8

Die Heimat der Sterne – eine wunderschöne Geschichte, die nicht nur an Weihnachten und nicht nur Kinder verzaubert, ISBN/EAN 978-3-934839-17-5

Wir danken allen Verlagen und Rechte-Inhabern für die freundlich erteilte Abdruckerlaubnis:
Ina Seidel, Neue Gedichte ©1926 Deutsche Verlags-Anstalt GmbH, Stuttgart. – Rose Ausländer, Tagebuch. Aus: dies., Und preise die kühlende Liebe der Luft. Gedichte 1983-1987 © S. Fischer Verlag GmbH, Frankfurt am Main, 1988. – Friedrich Doldinger ©Verlag Urachhaus, Stuttgart. – Die Gedichte der Nelly Sachs ©Suhrkamp Verlag, Frankfurt, 1961. – Gesamtausgabe Georg Britting in 5 Bänden, List Verlag, München 1996, Bd. IV, S. 207 © Ingeborg Schuldt-Britting, Höhenmoos. – Gottfried Benn, Statische Gedichte ©Arche Verlag, Zürich, Hamburg, 1948, 1983, 2000.